RÊPONSE

A

M. DE CHATEAUBRIAND.

BESANÇON.

MADAME VEUVE DEIS, LIBRAIRE, GRANDE RUE, N° 40.

MONNOT, LIBRAIRE, GRANDE RUE, N° 64.

LA VÉRITÉ

SUR

LA RÉVOLUTION DE 1830,

RÉPONSE

à M. de Châteaubriand,

SUIVIE D'UNE NOTE

SUR L'AVIS QU'IL VIENT D'ADRESSER A SES LECTEURS,

PAR M. G. HUART,

PROVISEUR DU COLLÉGE ROYAL DE BESANÇON.

PARIS,

MOUTARDIER, LIBRAIRE,

RUE GIT-LE-COEUR, N° 4.

NOVEMBRE 1831.

AVERTISSEMENT.

—— ✦ ——

Je ne me dissimule pas les difficultés d'une réfutation. Il faut quand on se résigne à faire un ouvrage de ce genre, se résoudre à rester, sous le rapport littéraire, beaucoup au dessous de l'écrivain que l'on combat, quand même il ne tiendrait pas, comme M. de Châteaubriand, le premier rang dans la littérature. La nécessité de se conformer au plan de l'ouvrage réfuté, de suivre pas à pas les idées de l'attaque, donne à la réfutation une marche lourde et embarrassée. A chaque instant obligée d'emprunter les phrases mêmes de son adversaire pour établir ses objections, la réfutation se refroidit nécessairement, et trop guindée, elle perd de la grâce et de l'énergie que l'inspiration seule peut donner. Il y a d'ailleurs dans la nature de l'homme un je ne sais quoi qui lui fait trouver des charmes dans l'opposition : il y a là des idées d'indépendance et de courage qui lui donnent une haute opinion de l'écrivain : tandis que la défense que l'on est presque toujours tenté de soupçonner d'intérêt ou de complaisance, ne peut avoir pour lui le même attrait. Aussi n'ai-je point songé à composer un ouvrage brillant. Cette prétention eût été ridicule, quand on s'attaque à l'une des plus belles gloires de la littérature de nos jours. Je n'ai voulu qu'être utile, c'est le seul genre de succès auquel j'ai dû aspirer.

Il y a sans doute beaucoup de témérité à
oser entrer en lice contre l'un des écrivains
les plus admirables et les plus goûtés de notre
époque. Aussi, je l'avoue, ce n'est pas sans
de grandes hésitations que je me suis déter-
miné. La réputation si brillante et si bien mé-
ritée de M. de Châteaubriand, son immense
talent, son beau caractère, l'admiration que
j'ai toujours eue pour ses ouvrages et pour sa
personne, auraient dû peut-être arrêter ma
plume et me faire une loi du silence. Mais
enfin le génie, comme le soleil, a ses éclipses
et ses taches; et quand, se détournant de sa
véritable voie, il rassemble toutes ses ressources et tous ses prestiges pour s'en servir,
comme d'armes empoisonnées, pour le malheur de la patrie, il cesse dès-lors d'avoir
droit à ce respect religieux, à cette recon-

naissance sacrée qu'il ne mérite que par ses bienfaits; et tout citoyen qui, sans calculer ses forces, ose dans le danger commun se lever contre lui, fait par cela seul une action digne d'éloges.

Une proposition de loi sur le bannissement de la famille de Charles X a été faite à la Chambre par un des Députés des départemens; tel est le prétexte et non le but de l'ouvrage de M. de Châteaubriand. Il a saisi cette nouvelle occasion de faire contre le Gouvernement actuel l'attaque la plus directe et la plus virulente. Son ouvrage est répandu avec profusion. Le nom seul de l'auteur, à part tout esprit de parti, suffit pour expliquer l'empressement qu'on a mis à se le procurer. Les doctrines qui y sont émises donnant à des espérances que chaque jour vient détruire, une vie nouvelle, une énergie plus grande, loin de ramener le calme dans la patrie, ne tendent qu'à ranimer les passions et à soulever de nouveau les masses populaires. Si ce n'est pas là l'intention, c'est du moins le résultat possible. Il eût fallu que quelque homme

d'un mérite connu, se chargeât de la réponse :
à défaut d'autres, je me présente. Le désir
d'être utile à mon pays me donnera peut-être
les forces qui me manquent.

En reconnaissant que la proposition relative
au bannissement n'a été que le prétexte de
l'ouvrage que je combats, c'est assez dire que
je ne songe pas moi-même à traiter à fond
cette question importante. Je me contenterai
d'affirmer que sous le rapport du droit je suis
loin d'être de l'avis de M. de Châteaubriand :
mais que je pense que cette proposition, telle
qu'elle a été faite, ne doit être admise qu'autant qu'elle serait démontrée nécessaire et in-
dispensable. *Vainqueurs,* a dit M. Pagès, *qu'a-
vez-vous besoin de cette loi? Vaincus, à quoi
vous servira-t-elle?* En effet, l'histoire de tous
les pays et de tous les siècles est là pour
démontrer l'inutilité des lois de proscription ;
le mot *à perpétuité,* appliqué à des délits politiques, n'est qu'une expression sans valeur,
continuellement démentie par les faits. Mais la
commission chargée d'examiner la proposition
de M. de Bricqueville a changé entièrement la

question, en proposant une loi de bannissement sans pénalité : car alors, cette loi n'est plus qu'une sanction légale donnée à un fait accompli : elle n'est plus une loi d'exception, c'est une page de l'histoire de la révolution de 1830 : c'est l'écho du cri populaire sorti des barricades : il n'y a pas de sang dans cette loi ; elle ne ressemble en rien à cette loi portée par les Bourbons en 1816, contre la famille impériale, car par la violation de leur ban, les bannis n'ont aucun supplice à redouter, tant qu'ils ne se présenteront pas en ennemis : la loi proposée donne seulement au pouvoir le droit de les faire sortir sur-le-champ du territoire français, pour le préserver de quelque agitation nouvelle; dans le cas contraire, les bannis devenus conspirateurs, ou rentrant en France les armes à la main, retombent sous le glaive de la loi commune, qui ne sait pas distinguer entre les coupables. C'est au jury qu'il appartiendra de prononcer sur leur sort.

Ainsi rassurez-vous : la mesure proposée par la commission n'est pas aussi barbare que vous voulez bien le prétendre, et si la tempête, le hasard, le caprice ou peut-être le désir de revoir cette belle France, ramenait sur son sol quelques-uns des exilés, la loi même les protégerait; en les prenant sous sa responsabilité pour les reconduire jusqu'à la frontière, elle les sauverait des dangers qui pourraient peut-être les menacer. Il me semble d'ailleurs que c'est calomnier indignement la nation française, que de supposer qu'on se hâtera de livrer à la hache du bourreau l'infortuné qu'un vaisseau battu de l'orage aura jeté sur le sol qui l'a vu naître. Il y a dans le malheur quelque chose de sacré pour tous les hommes, et si le cœur humain se montre quelquefois impitoyable contre un ennemi dans la prospérité, je ne puis le croire assez lâche et assez cruel pour conserver quelque idée de vengeance à l'aspect de ce même ennemi désarmé, inoffensif et suppliant. Si tel devait être l'effet de cette loi, comme vous je la repousserais avec toute l'énergie dont je suis capable. Mais ne craignez rien, vous n'avez pas, grâce au ciel, le monopole de la générosité; la France ne sera jamais une terre inhospitalière pour quiconque ne la provoquera pas. Oui, et ici je suis sûr d'être l'interprète de tous les Français, si le duc de Bordeaux, forcé par je ne sais quelle nécessité imprévue de prendre terre sur nos côtes, venait nous demander un asile, avec quel empressement notre porte lui serait ouverte ! de quels égards nous environnerions son malheur ! Mais nous ne lui dirions pas comme vous : Prince, vous êtes notre roi. Nous lui dirions : Vous n'êtes plus rien pour la France, elle vous a banni de son territoire, parce que, dans sa colère contre le parjure, elle n'a plus voulu refaire avec votre famille le pacte que votre famille avait déchiré : elle a fait choix d'un Prince digne de son amour et de sa confiance ; elle compte sur lui comme il peut compter sur elle. Exilé de cette belle France, nous vous plaignons, mais nous ne pouvons rien autre chose pour vous.

Ainsi donc, dans l'intérêt du pays, dans l'intérêt même de la branche aînée des Bourbons, le Gouvernement doit adopter le projet de loi modifié par la commission. Votre ouvrage, en ranimant les espérances de quelques amis fi-

dèles de la royauté déchue, a rendu cette mesure nécessaire plus que jamais. Il faut qu'ils
sachent que la France a parlé une seconde
fois par l'organe de ses députés, et qu'en donnant à un fait accompli une sanction légale,
elle a voulu détruire des espérances coupables, et éteindre ainsi des guerres civiles qu'elles
auraient pu faire éclater. Assez de sang à inondé
nos rues, assez de balles ont criblé nos maisons, assez de fosses ont été creusées pour
enterrer les victimes ! Paix et union ! Voilà le
vœu du Gouvernement, voilà le vœu de la
France (1) !

(1) Pendant que j'écrivais rapidement cette réfutation, la loi sur le bannissement de la famille
de Charles X a été entièrement discutée et adoptée
par la Chambre. La commission, en réunissant
dans un même projet les familles de Charles X et
de Napoléon, n'avait eu sans doute d'autre dessein que d'enlever à la loi de 1816 sa cruelle pénalité. La Chambre a fait mieux encore. Elle n'a
pas voulu renouveler par une seconde loi le bannissement de la famille impériale ; elle n'a pas
voulu s'associer aux mesures de proscription du

Mais le droit de faire une telle loi, M. de Châteaubriand le conteste au Gouvernement actuel, parce qu'il ne le regarde pas comme légitimement établi : c'est là l'hypothèse qui a donné naissance à son ouvrage, et c'est là par conséquent l'idée principale à laquelle nous devons nous attacher dans cette réfutation.

« Après les journées de juillet, on pouvait,
» dit M. de Châteaubriand, faire une de ces
» cinq choses : proclamer la république, per-
» pétuer la forme monarchique en élevant au
» trône une race toute nouvelle; rappeler la dy-
» nastie de Napoléon dans la personne du duc
» de Reischstadt; maintenir celle de saint Louis

précédent gouvernement ; elle s'est contentée d'en retrancher la peine de mort pour assimiler cette loi de 1816 à celle dont le projet était soumis à sa discussion. Les débats qui se sont élevés à ce sujet dans la Chambre, ont donné aux Députés les plus influens une nouvelle occasion de proclamer leur dévouement à Louis-Philippe, et d'annoncer hautement qu'ils ne voulaient pas plus de Napoléon II que de Henri V.

» dans la personne du duc de Bordeaux; la per-
» pétuer dans la branche cadette. »

Voilà, ce me semble, la souveraineté du peuple bien reconnue par M. de Châteaubriand: la France avait le droit de choisir parmi les cinq partis que, selon l'auteur lui-même, elle pouvait prendre après les journées de juillet. Elle a choisi : elle s'est empressée de relever le trône qu'elle avait renversé, elle y a fait asseoir la branche cadette des Bourbons, elle a déposé entre les mains du duc d'Orléans sa souveraineté que les ordonnances de Charles X lui avaient rendue. Comment se fait-il donc que l'on vienne accuser d'être illégitime le Gouvernement actuel qui n'est que le résultat d'un droit? Comment? C'est que la France n'a pas choisi le candidat de M. de Châteaubriand, et dès-lors tout est frappé d'illégalité. Examinons donc si la France a eu tort de prendre le parti qu'elle a préféré, et voyons s'il n'eût pas mieux valu pour elle de s'ériger en république, ou de placer sur le trône le duc de Reichstadt, ou d'y maintenir le duc de Bordeaux.

LA RÉPUBLIQUE.

Un des modes de gouvernement le plus propre à donner à un peuple de la dignité, parce qu'il doit lui donner une haute idée de lui-même, c'est sans doute le mode républicain. C'est un spectacle merveilleux que celui que présente un grand peuple qui pourrait assez compter sur lui-même pour ne pas se croire forcé de se démettre de sa souveraineté entre les mains d'un roi ; un peuple qui, dans la simplicité et la noblesse de ses mœurs, croit n'avoir rien à redouter de l'ambition de ses différens membres, et qui, à l'ombre de ces belles institutions, vit tranquille au dedans, honoré au dehors : c'est là, dis-je, un spectacle merveilleux, mais que par malheur l'histoire ne nous offre que bien rarement. Dans tous les cas, ce n'est pas par des lois qu'un mode de gouvernement peut s'établir : c'est dans les mœurs qu'il doit trouver son origine, son appui. Or en fait de mœurs, dit Bacon, toute innovation trop brusque est dangereuse ; le grand innovateur, c'est le temps, et jamais il ne procède qu'avec lenteur. Il est donc impossible d'établir solidement un gouvernement quelconque, qui n'est pas en harmonie avec les mœurs : tôt ou tard il sera renversé : le court espace de temps pendant lequel il aura gardé le pouvoir, sera nécessairement taché de sang. Les idées de république qui fermentent dans quelques esprits ne sont point descendues dans les masses, et quand même nos mœurs s'améliorant nous rendraient plus propres quelque jour à ce mode de gouvernement, il sera compromis long-temps encore par le sang de 93. République et anarchie sont deux idées que de long-tems la France ne pourra séparer. Ainsi donc pour nous la république ne peut être qu'une théorie, son application qu'une chimère. Une chimère ! s'écrie monsieur de Châteaubriand, *il est faux que la république soit une chimère dans le sens absolu de ce mot.* Sans doute : et qui a donc songé à soutenir une pareille thèse ? Est-ce que des

républiques n'ont pas existé? Est-ce qu'il n'en existe pas encore? Seulement nous affirmons que ce mode de gouvernement ne convient pas actuellement à la France ; qu'effrayée , par des souvenirs encore tout palpitans, elle repousse la république comme une chimère ! qu'elle redoute qu'avec ce mot on ne veuille recommencer les horreurs qui ont souillé la révolution de 89, horreurs que quelques hommes justifient et admirent ! Nous affirmons que la France rejette la république parce qu'elle a cru voir, selon votre belle expression , *ses enfans massacrés se lever de la tombe et lui demander avec effroi si nous allions boire à la mémoire de leurs bourreaux !* Avec de pareils souvenirs et avec nos mœurs, la république est impossible ; et quoique vous blâmiez ceux qui soutiennent cette thèse , vous le reconnaissez vous-même, puisque vous dites : « Il paraît vrai
» seulement qu'après les journées de juillet, la
» France n'eût pas adopté la république ; il pa-
» raît encore plus vrai que nos mœurs ne l'eus-
» sent pas soutenue. » Eh ! qu'avons-nous dit autre chose ? avons-nous blâmé les théories

républicaines ? Que nous importe, si on ne cherche pas à les appliquer ! Les républicains de bonne foi nous ont compris, ils ont abandonné la place publique, et bientôt on n'y rencontra plus que des hommes perfides qui, craignant qu'il n'y eût quelque principe de vie dans le nouvel ordre de choses, demandaient à grands cris la république, qu'ils ne réclamaient que parce qu'elle ne leur paraissait pas viable, et qui ne cherchaient ainsi qu'un moyen de retour vers un passé perdu pour eux.

Ainsi donc, de votre aveu, la France ne pouvait choisir la république. Elle l'a repoussée. Elle a usé de son droit. Voyons maintenant si elle pouvait choisir le duc de Reichstadt (1).

(1) Dans son chapitre *de la république* M. de Châteaubriand dit qu'il est *républicain par nature* : aussi cherche-t-il à donner une très bonne idée de la république. Quoique *monarchiste par raison*, il sacrifie impitoyablement la monarchie à la république,

et pour fairé sentir tous les désavantages de la monarchie, il emprunte les paroles suivantes pro-noncées par Samuel aux Israélites pour les détour-ner de leur dessein lorsqu'ils se veulent donner un roi : « Voici quel sera le droit du roi qui vous » gouvernera : il prendra vos enfans pour conduire » ses chariots ; il en fera des gens de cheval , et il » les fera courir devant son char.

» Il se fera de vos filles des parfumeuses, des » cuisinières et des boulangères.

» Il prendra aussi ce qu'il y aura de meilleur » dans vos champs, dans vos vignes et dans vos » plants d'oliviers, et il le donnera à ses serviteurs.

» Il vous fera payer la dîme de vos blés et du » revenu de vos vignes, pour avoir de quoi donner » à ses eunuques et à ses officiers. »

Il faut convenir que cette peinture orientale de la royauté, si elle doit être prise à la lettre, n'a rien de bien séduisant. Et je conçois mal que ré-publicain par nature on soit encore après cela mo-nachiste par raison. Car enfin tout cela s'applique à toutes les monarchies , et Samuel ne désigne pas moins celle du duc de Bordeaux que celle de tous les autres rois possibles.

Mais si tout cela ne signifie réellement que des soldats, des ouvriers, des domestiques, des im-

pôts, je ne crois pas qu'une république soit dispo-
sée plus que tout autre gouvernement à se passer
d'impôts, de domestiques, d'ouvriers, et de soldats.

LE DUC DE REICHSTADT.

Au nom de Napoléon se rattachent d'immenses souvenirs de gloire : pour moi, ce sont les souvenirs des plus belles années de ma jeunesse, et mon cœur ne peut encore y rester insensible. J'ai été victime de mon admiration pour la gloire de nos armes. Mon amour de jeune homme pour un héros à qui je cherchais en vain un rival dans l'antiquité même, servit à me rendre suspect, et la restauration se débarrassa de moi, par la suppression de ma place. J'étais cependant bien peu coupable. Dans les colléges de l'empire, à peine savions-nous qu'il existait encore des débris de l'ancienne monarchie royale, et quand nous les vîmes revenir à la suite des armées étrangères qui nous apportaient la désolation et la honte, il nous était bien permis, ce me semble, à nous qui n'avions vu que les gloires de l'empire et non les horreurs de la révolution, de pleurer ce noble drapeau tricolore qui avait flotté dans toutes les capitales de l'Europe, et de voir avec douleur l'exil du héros à *la longue épée.* Mais bientôt, éclairé par l'opinion publique qui s'était prononcée en faveur de la paix, je sentis naître en moi de nouvelles idées politiques ; je pensai qu'il y avait quelque chose de mieux encore que la gloire, la liberté ! et me rattachant avec franchise aux institutions qui nous la promettaient, je cherchai à oublier que le sol français portait l'empreinte déshonorante du pied de l'ennemi ; le sceptre des Bourbons, entouré de branches d'olivier, ne fut bientôt plus pour moi que le symbole de la paix générale et peut-être du bonheur de la France. Je me suis trompé, et si dans ce petit ouvrage j'ai osé parler de moi, c'est qu'il m'a semblé que mon histoire était aussi celle d'une grande partie de la jeunesse française qui, dans les journées de juillet, s'est vengée de l'erreur où elle était tombée.

A la suite d'une révolution qui pouvait nous lancer dans les chances d'une guerre européenne, le souvenir du conquérant a donc dû se réveiller avec force dans beaucoup d'esprits ; les pensées de quelques vieux soldats se sont rapidement reportées sur le fils de leur ancien général dont ils revoyaient le glorieux drapeau : peut-être Napoléon II eût-il pu concevoir quelque espérance de succès, si la France, se livrant à l'enthousiasme des souvenirs de ses victoires passées, eût cessé d'écouter la voix de la prudence et de la raison. Mais elle se rappela à quel prix elle avait acheté la gloire, et au nom de Napoléon elle crut voir rétrograder la liberté qui venait de sortir pure et triomphante des barricades parisiennes.

D'ailleurs, comme vous le dites très bien, *l'éducation étrangère du duc de Reichstadt, les principes d'absolutisme qu'il a dû sucer à Vienne, élevaient une barrière entre lui et la nation ; on aurait toujours vu un Allemand sur un trône français, toujours soupçonné un cabinet autrichien au fond du cabinet des Tuileries : le fils eût moins semblé l'héritier de la gloire que du despotisme du père.* C'est ainsi en effet que la France a raisonné ; en repoussant le duc de Reichstadt elle a donc encore usé du droit que nous lui avons reconnu (1).

(1) On ne peut remarquer sans étonnement ce concert de louanges dont certain parti cherche à caresser l'ombre de Napoléon. La révolution de juillet était sans doute nécessaire pour leur ouvrir les yeux sur le mérite du grand homme ; car je ne sache pas que jusque-là beaucoup d'entre ceux qui aujourd'hui en font un si pompeux éloge aient jamais songé à lui rendre une justice qui maintenant pourrait paraître un peu tardive. Buonaparte est redevenu Napoléon pour eux comme il n'a jamais cessé de l'être pour nous ; ce n'est plus l'usurpateur, mais l'empereur des Français ; le conquérant impitoyable et farouche, c'est le héros à la longue épée ; la colonne Vendôme, objet de leur mépris et de leurs insultes, reçoit leurs hommages comme le plus beau monument d'une des époques les plus brillantes de notre histoire ; et ces hommes qui dataient en 1815 leurs lettres de je ne sais quelle année du règne de Louis XVIII, après avoir essayé de retrancher ainsi autant qu'il était en eux le règne de Napoléon, ces hommes qui ne trouvaient pas d'expressions assez flétrissantes pour assouvir leur haine contre *l'Ogre de Corse*, em-

bouchent aujourd'hui la trompette héroïque en se faisant les échos d'une opinion vraie et nationale qui n'est pas la leur , et adoptent avec un faux enthousiasme toutes les gloires du drapeau tricolore et de l'aigle impériale. Il y a dans cette manière d'agir, comparée à ce qu'ils ont fait et à ce qu'ils ont dit autrefois, quelque chose qui choque et qui annonce des projets coupables cachés sous des formes généreuses. On sait qu'en France la plus puissante séduction pour le peuple , c'est la gloire acquise par les armes : on cherche à l'exploiter , comme on a exploité la misère, comme on exploite toutes les passions humaines.

LE DUC DE BORDEAUX.

Nous arrivons au duc de Bordeaux, au choix duquel, selon M. de Châteaubriand, on aurait dû s'arrêter, puisque ce choix éloignait toute crainte de guerre civile et étrangère, et assurait par conséquent le bonheur de la France. Entendons-nous. Je ne mets pas en doute que si le 26 juillet Charles X eût abdiqué en faveur de son petit-fils, la France, quoique peu rassurée sur son avenir, n'eût préféré cette modification à la triste réalité qui pesait sur elle. En effet le 26 on ne pensait à rien de ce qui est arrivé le 27. On n'était occupé que de la violation de la Charte : c'était au cris de *vive la Charte !* que l'on combattait, et si dès lors Charles X bien conseillé eût renvoyé ses ministres et retiré ses ordonnances, tout était fini, les barricades eussent été démolies, et la France tout entière eût illuminé pour témoigner sa joie.

Mais quand on apprit qu'à Saint-Cloud

on ne songeait qu'à consolider l'illégalité par la violence, qu'à donner un baptême de sang à ces ordonnances dictées par l'ignorance la plus coupable, et par le mépris le plus insultant de l'opinion générale, c'en fut fait de la royauté ; il n'y eut plus de transaction possible avec une cour qu'un fleuve de sang venait de séparer du peuple ; l'artillerie royale renversa elle-même le pavillon blanc, qui fut immédiatement remplacé par le drapeau aux trois couleurs ; et quand, dans l'une de ces grandes journées, le peuple transporta M. de Châteaubriand dans ses bras, il ne faut pas s'y tromper, cet homme que le peuple honorait d'une manière si extraordinaire, n'était à ses yeux que l'homme de l'opposition, l'homme que les Bourbons avaient chassé comme un valet dont on est mécontent, l'homme que le pouvoir déchu avait par tous ses organes cherché à traîner dans la boue; c'était l'opposition personnifiée, c'était tout-à-la fois un éloge, un triomphe pour lui, et un acte de juste vengeance contre ceux dont il avait été victime. Telle fut la fin de cette antique monarchie usée par le temps ! elle vit en trois jours la vieille gloire et les vertus dont elle avait souvent donné de nobles exemples, s'ensevelir dans le précipice qu'elle avait pris plaisir elle-même à creuser sous ses pas. Et quand tout fut terminé dans Paris, quand toute espérance fut anéantie, nous avons vu les tristes débris de cette royauté se diriger vers la terre d'exil, sombres et silencieux, à travers une population immense qui se portait sur les routes avec cette curiosité religieuse mais glaciale que l'on éprouve à l'aspect d'un convoi. Quel enseignement pour les rois de la terre ! qu'ils sont aveugles ou coupables s'ils ne savent pas en profiter !

Il était donc impossible après les trois journées de songer à placer le duc de Bordeaux sur le trône de ses ancêtres. Malgré sa jeunesse et son innocence, victime des fautes de sa famille, il s'est trouvé compris dans le même arrêt de bannissement. Ne voyez vous-pas d'ailleurs que les motifs que vous avez fait valoir pour exclure le fils de Napoléon sont absolument les mêmes pour le petit-fils de Charles X.

L'un est repoussé à cause de son éducation
autrichienne, tout-à-fait étrangère à nos mœurs
et à nos institutions; et l'autre l'admettrez-vous
malgré son éducation de cour dont les résultats peuvent être présumés par les principes
de ceux qui l'environnent? Elevé dans le palais de ses pères, à Paris, le duc de Bordeaux
n'est-il pas resté aussi séparé du peuple français
que s'il eût été à Vienne sous la conduite d'un
gouverneur autrichien? Ce ne sont là que des
hypothèses, me direz-vous; l'éducation du
jeune prince, loin d'être anti-nationale, était
toute française. --- Voilà ce que vous préten-
dez. --- Mais, à tort ou à raison, et ne fût-ce
qu'une hypothèse, je ne vois pas pourquoi
elle ne serait pas aussi admissible que celle
qui concerne le duc de Reichstadt. Je sais
bien que vous dites que le duc de Bordeaux
est jeune, que son éducation n'est pas faite,
qu'elle peut être réformée, et à ce sujet vous
donnez à sa famille d'excellens conseils qui,
s'ils sont suivis, ne peuvent être que très
avantageux au jeune prince, quel que soit l'a-
venir qui lui soit réservé ! Mais tout le monde

n'a pas votre confiance, et cette même jeunesse que vous faites valoir a été un motif de plus d'exclusion. Il fallait une régence : la France en a redouté les orages. Elle n'était pas, comme vous, convaincue qu'on aurait pu modifier l'éducation du duc de Bordeaux ; elle a craint son entourage dont il lui a paru impossible de le séparer entièrement ; elle a craint que les calamités d'une régence ne fussent que les tristes avant coureurs des désastres d'un nouveau règne anti-national. Avec de telles idées et dans de pareilles circonstances, le choix du duc de Bordeaux était donc impossible.

CHANGEMENT TOTAL DE RACE.

Je ne parlerai pas d'un quatrième parti que, selon M. de Châteaubriand, la France aurait pu prendre, c'est-à-dire, du changement total de race. Il suffit de descendre dans son propre cœur pour être convaincu que les Français, ne pouvant trouver chez eux le chef d'une nouvelle race royale, auraient préféré à un étranger, quel qu'il fût, le duc de Reichstadt, le duc de Bordeaux, ou la république elle-même. Le trône est une propriété nationale; la France ne consentira jamais à voir un étranger s'y asseoir : et quand même il eût apporté en dot, selon l'insinuation de M. de Châteaubriand, *des frontières désirables*, il eut encore été repoussé. Nous n'achèterons pas une frontière à pareil prix.

MONARCHIE DE LA BRANCHE CADETTE.
DES BOURBONS.

Dans cette flottante situation que devait faire la France? La république était une chimère, le sceptre des Français ne pouvait être remis aux mains d'un étranger, Napoléon II nous apportait le despotisme sans peut-être pouvoir le déguiser par la gloire, Henri V ne présentait point de garanties suffisantes pour l'avenir ; c'était encore des essais à faire et la France en était lasse. Alors elle a jeté ses regards autour d'elle, et ses yeux se sont arrêtés sur l'un des palais de la capitale. Là vivait un prince connu par son amour pour les libertés publiques, par la simplicité patriarcale de ses mœurs domestiques, un prince protecteur éclairé des beaux arts, sympathisant avec tous les sentimens généreux, et secourant toutes les infortunes, un prince enfin dont la jeunesse laborieuse et éprouvée se rattachait par de glorieux souvenirs aux premières victoires de notre armée nationale. On peut faire l'éloge d'un tel prince, sans crainte d'être accusé de flatterie : ceux mêmes qui ne veulent pas de lui pour Roi, sont obligés de rendre hommage à sa haute capacité, à la bonté de son cœur et à la noblesse de son caractère. Il est environné d'une famille nombreuse et brillante de jeunesse. Nulle prévention défavorable ne s'élève contre ces jeunes princes qui grandissent près de lui, au sein des affections les plus douces. Comment pourrait-il en être autrement ? ne sont-ils pas comme les autres enfans de la France élevés dans nos écoles publiques ? nos enfans ne sont-ils pas leurs camarades ? Ceux-là ne sont donc pas étrangers à nos mœurs ; ils connaîtront nos besoins et nos vœux, ils sauront y satisfaire : voilà, voilà la famille qui nous convient ! plus d'incertitude ! un cri se fait entendre : Vive Louis-Philippe ! et la France eut un Roi.

Ainsi la France a choisi parmi les cinq partis qu'elle avait à prendre celui qui lui a paru le plus certain et le plus propre à concilier tous

les intérêts généraux. En posant la couronne
sur la tête d'un prince de la branche cadette
des Bourbons, elle n'a songé ni à une quasi-
légitimité ni à une quasi-restauration. Elle ne
connaît d'autre légitimité que celle de son
droit, et le souverain de son choix n'est sans
doute pas moins légitime que tous les princes
de l'Europe dont les premiers chefs de famille
out peut-être été des nsurpateurs ! Ce n'est
point à cause de sa parenté avec les Bourbons
déchus que le sceptre a été remis à Louis-
Philippe ; il lui a été confié malgré cette parenté même : alors c'est là, ce me semble, le
plus bel éloge qu'on puisse faire de lui. Louis-
Phillppe à su dignement répondre à la confiance
des Français : le jour même où au sein de la
tempête ils le choisirent pour leur pilote, d'une
main ferme il saisit le gouvernail, et malgré
l'orage qui grondait encore, il sut préserver
des plus grands dangers qui le menaçaient le
navire dont la direction lui avait été donnée.
Les rois de l'Europe en suspens, l'œil fixé sur
notre patrie, préparaient déja leurs bataillons
pour les lancer contre nous en cas de guerre

civile ou de menaces de propagande. Notre attitude tout à la fois calme et fière, comme celle d'un vieux guerrier blanchi sous le harnais, imposa à l'Europe, et soit confiance, soit crainte, elle fit une halte, frappée d'étonnement, au moment où déjà peut-être elle rêvait la victoire.

L'ajournement de la guerre étrangère ajournait aussi la guerre civile, qui ne pouvait trouver de force et d'alimens que dans les malheurs d'une invasion. C'est ainsi que dès le principe les événemens sanctionnèrent l'élection du nouveau souverain.

Il me semble que par tout ce qui précède le droit de la France a été établi d'une manière claire et certaine. Mais ici je dois aller au-devant d'une objection que vous allez me faire. Sans doute, direz-vous, la France avait le droit de choisir Louis-Philippe! Mais ces hommes qui l'ont fait roi étaient-ils donc la France? Qui leur avait donné ce mandat, à eux qui ont dérobé à leur profit la révolution de juillet ; *à ces écornifleurs de gloire, de courage et de génie,* pour me servir de votre expression aussi énergique que peut l'être l'injure et la trivialité?

J'ignore quels sont les hommes que M. de Châteaubriand a voulu plus particulièrement désigner par ces expressions flétrissantes. Je ne suis le champion de personne, je fais abstraction des individus ; je ne vois que les faits; c'est sur eux seuls que je base ma réponse.

Or, après la révolution de juillet, il n'y avait plus aucun pouvoir légalement existant. La nation d'un pied dédaigneux avait renversé le trône, elle s'était assise sur ses ruines, elle régnait. Mais qu'est-ce que le règne d'une nation sans chefs, sans magistrats, sans lois? C'est l'anarchie la plus effrayante, puisque c'est le règne de la volonté individuelle sans aucune espèce de frein, le règne brutal de la force. Un grand peuple, animé des plus nobles sentimens, éclairé par l'éducation qui a déjà commencé à descendre dans les masses, peut bien, pendant quelques jours, et nous en avons eu un exemple unique peut-être dans les fastes de l'histoire, rester dans les limites de la morale et de la justice. Mais cet état peut-il se prolonger sans amener les catastrophes les plus épouvantables? n'y a-t-il pas nécessité d'en sortir au plus vite? et pour cela ne faut-il pas nécessairement que quelques citoyens généreux surgissent tout-à-coup du sein de la foule, sans mission, sans droits, si vous le voulez, pour se mettre à la tête de la nation, régulariser le mouvement, et réunir en faisceau toutes les volontés divergentes? Honneur à ces hommes de dévouement qui se hâtent de reconstruire l'édifice social presque ruiné, de rendre au guerrier son épée, à la justice son glaive! Ces citoyens étaient sans mission et sans droits : qu'est-ce à dire? n'est-il pas une loi aussi vieille que le monde, celle de la conservation, la nécessité? Je ne sache pas qu'il y ait rien de plus légitime que les droits qu'elle donne au milieu d'une révolution.

Or, il est arrivé que, par un de ces hasards merveilleux qui sauvent les nations, les députés que la France venait de choisir pour ses représentans arrivaient de toutes parts dans la capitale, sans avoir reçu le contre-ordre royal, qui les condamnait à rester chez eux,

Sans doute leur mission n'était pas de renverser une dynastie, de disposer d'un trône
qui n'était pas vacant. La France ne leur avait
pas donné une telle mission, parce qu'elle
n'avait pas dû prévoir à quel excès de délire
parviendrait le gouvernement de son vieux roi.
Mais elle les avait chargés de défendre ses intérêts, de veiller à son bonheur. Dès-lors, au
milieu du naufrage de tous les pouvoirs, ils
ont dû comprendre que leur devoir, leur droit
était de se réunir à tous les hommes de bonne
volonté pour se rendre les organes de l'opinion
publique et former sur-le-champ un point de
ralliement, un véritable centre d'action. Le
peuple, qui s'était montré si grand dans ces
trois journées, encouragea par ses acclamations
ces citoyens dévoués qu'il avait reconnus et
adoptés pour ses amis ; il les laissa délibérer
tranquillement sur le mode de gouvernement
le plus convenable à la situation actuelle. Aussi
lorsque la majorité se fut prononcée pour le
gouvernement monarchique, et qu'elle eut dé-
signé Louis-Philippe pour premier chef de la
monarchie éelctive, la majorité du peuple pa-

risien s'empressa de donner son assentiment
à ce choix national. La joie la plus vive succéda
aux déchiremens de l'inquiétude, elle se ma-
nifesta dans Paris sous toutes les formes et de
toutes les manières. Les républicains de bonne
foi, reconnaissant l'impossibilité de mettre à
exécution leurs séduisantes théories, acquies-
cèrent au vœu général. Ils proclamèrent par
la voix de l'illustre et respectable général La-
fayette *qu'un bon roi est encore la meilleure des
républiques*. En effet, avec un charte solennelle-
ment jurée du fond du cœur, avec une chambre
de députés intègres et éclairés, n'agissant que
d'après les inspirations de leur conscience, ne
recherchant point une vaine popularité dans
une opposition systématique, ou d'avilissans
honneurs dans un lâche assentiment à toutes
les mesures proposées, avec des ministres qui
savent que ce mot *responsabilité ministérielle*
a un sens aujourd'hui, et qui peuvent le voir
écrit en caractères ineffaçables sur les portes
du donjon de Vincennes ou du fort de Ham,
la royauté n'est plus à craindre pour un peuple :
car à moins de la supposer entraînée par

un délire inexplicable et par cet esprit de
vertige qui ferait croire à la fatalité, elle ne
peut oublier les terribles enseignemens que
le peuple de juillet lui a donnés. Quand
à toutes ces garanties on peut ajouter encore
toutes celles que présente, dans chacun de ses
membres, la nouvelle famille royale, il est
facile de concevoir la fusion des citoyens de
bonne foi de tous les partis, sacrifiant leur
opinion personnelle au bonheur de la patrie.
Aussi tout le monde sait comment la France
entière, à l'exception de quelques villes du
Midi et de quelques villages de l'Ouest, ac-
cueillit la nouvelle de cette grande et glorieuse
révolution : de toutes parts, à l'instant même,
fut reprise avec enthousiasme la cocarde tricolore ; sur tous les points les gardes natio-
nales se forment spontanément et comme par
miracle aux cris de vive Louis-Philippe ; des
députations composées des hommes les plus
honorables partent à la hâte de toutes les villes,
de tous les villages, pour aller porter au Palais-
Royal l'acte d'adhésion de leurs concitoyens ;
et si alors on a vu un gouvernement improvisé

de ville en ville pour 33 millions d'hommes, avec le passage d'une diligence surmontée d'un drapeau, il faut convenir qu'il y avait dans ces villes plus que de l'indifférence pour cette famille royale forcée, par sa faute, de reprendre encore une fois le chemin de l'exil ; il fallait que la révolution fût déjà faite dans tous les esprits.

Forcé probablement d'avouer, et cet aveu se trouve dans son ouvrage, qu'il était impossible, en l'absence même de toute mission spéciale, de ne pas choisir entre les différens partis que la France pouvait prendre, M. de Châteaubriand voudrait du moins que tout ce qui a été fait sous la loi de la nécessité n'eût été que provisoire, et qu'on eût remis la décision définitive à un prétendu congrès national, jusqu'à l'assemblée duquel il ajourne toute ses espérances.

Est-ce bien sérieusement que l'on propose de réunir en assemblées délibérantes, sur tous les points de la France, trente-trois millions d'hommes, pour leur demander leur opinion individuelle sur le choix d'un roi des Français?

Notre éducation politique est-elle donc assez avancée pour qu'on puisse faire consciencieusement une pareille proposition? Aurait - on déjà oublié les résultats des assemblées primaires à une autre époque? Ou bien ne serait-ce pas qu'on aurait fondé quelque espoir sur l'agitation désastreuse qu'elles n'auraient pu manquer de produire? En vérité on serait tenté de le croire, quand on voit par quels hommes ces projets sont mis en avant et soutenus : cependant ma raison se refuse à l'admission d'une pareille hypothèse. Quelque acharnement aveugle qu'on suppose à l'esprit de parti, il m'est impossible d'admettre qu'on se résolve de gaîté de cœur à appeler la tempête sur sa patrie, et à calculer le profit qu'on peut retirer de ses déchiremens pour le triomphe de ses opinions personnelles; et cependant quel résultat pourrait-on se promettre de pareilles mesures? Vous ne supposerez pas sans doute que le gouvernement provisoire enfanté par la nécessité va rester inactif en attendant le vote général. Il va nécessairement gouverner et remplir le but de sa création.

Eh bien ! de deux choses l'une : ou ce pouvoir provisoire n'emploiera pour se maintenir que les moyens les plus honorables, et prouvera par tous ses actes qu'il est digne de la haute mission dont il a été chargé, et alors je vous prie de me dire quel nom on devrait donner à cette opposition furieuse qui cherche à le renverser ; ce ne sera pas sans doute celui d'amour de la patrie : ou bien ce pouvoir emploiera tous les moyens d'action qui ont été remis entre ses mains, et si, malgré tout cela, il est assez malhabile, je ne dis pas pour mériter, mais pour ne pas s'assurer le vote général, ne craignez rien, ce gouvernement n'a aucun principe de vie, la révolution n'est pas terminée : en France on préférerait encore le despotisme à la niaiserie sur le trône !

N'avez-vous pas vu d'ailleurs à quel degré d'opprobre vous voulez faire descendre la France ? Avec un gouvernement provisoire entre les mains d'un ambitieux habile, qu'avons-nous à attendre ? Pour perpétuer sa domination, il ne reculera devant aucun moyen, il exploitera à son profit l'ignorance et les intérêts privés : tout lui sera bon, promesses, menaces, emplois, grades, décorations, honneurs, vaste arsenal de corruption et de succès pour tous les pouvoirs. Puis, quand tout sera prêt pour le dernier acte de cette farce politique, chaque individu ou gagné, ou intimidé, ou insouciant, ira, s'il sait écrire, écrire son vote sur un registre préparé à cet effet. Voilà un résultat possible de ce que le pouvoir corrupteur appellera *vote général.*

Il en est un autre encore, c'est celui sur lequel comptent les adversaires du pouvoir actuel.

Agissant pour détruire avec autant de persévérance qu'en met pour se conserver le pouvoir ambitieux et habile dont nous venons de parler, le parti opposé emploiera par conséquent des moyens analogues et tout aussi coupables. On exploitera également l'ambition, la cupidité, la simplicité, l'ignorance et la misère : ici pour obtenir un vote, on promettra l'abolition de la loi sur les boissons, la diminution des impôts qui pèsent sur ce pauvre peuple, que l'on mitraillait hier, que l'on caresse aujourd'hui ;

là on fera entrevoir dans un avenir prochain
toutes les faveurs que ne manquera pas de
faire tomber sur eux le jeune prince, le seul
espoir de la France ; ailleurs c'est au nom du
ciel, au nom d'une religion aussi douce que
sublime entre les mains d'un bon pasteur,
d'une religion de paix et de charité, que des
hommes bien coupables arrachent violemment
de son sanctuaire pour en faire un instrument
de passion et de politique, qu'on demandera
aux campagnes un vote dont il leur est
impossible de prévoir les conséquences.
Eh bien ! voilà tout ce qu'on peut attendre
de votre proposition de gouvernement provisoire, de votre prétendu vote général, qui
ne serait que l'expression de la volonté de
quelques habiles ; dénouement ridicule d'une
révolution prolongée à plaisir ! Pour que de
pareilles mesures offrent un résultat raison-
nable, commencez par répandre les lumières,
que l'instruction avec tous ses bienfaits se
glisse jusque sous le chaume, que chaque individu apprenne à connaître sa dignité, ses
droits, ses devoirs, qu'il devienne capable de

comprendre ses véritables intérêts et ceux du pays, alors, mais seulement alors, des assemblées générales de la nation pourront présenter quelques garanties, et le sol peut-être ne tremblera pas sous ces masses populaires mises en mouvement, quand ce mouvement sera réglé par l'intelligence. Mais tant que l'ignorance pèsera de tout son poids sur nos campagnes, qu'inhabiles à penser par elles-mêmes sur des choses étrangères à leurs premiers besoins et à leurs habitudes, elles seront nécessairement soumises à l'influence du premier venu, je ne verrai dans de pareilles réunions générales que dangers sans avantages pour la patrie, parce que je n'y vois qu'une matière livrée au passions humaines comme pâture ou comme sujet d'expérience.

Je sais qu'il est quelques esprits qui admettent l'utilité, la nécessité même de ces agitations populaires qu'ils regardent comme un moyen puissant de développer les caractères et de mettre chacun à sa place. Pour ces hommes, le calme, c'est la mort. Leurs regards ne se portent qu'avec douleur sur un peuple tranquille, comme sur un cadavre déjà prêt à descendre dans la tombe, enveloppé dans son linceul funéraire. Ennuyés de cette monotonie de calme et de paix, il leur faut, à tout prix, des émotions vives, des secousses fortes, multipliées, qui répondent aux désirs de leurs âmes brûlantes ; et pour satisfaire à ces besoins de leur fougueuse imagination, vous les verriez remuer sans cesse les cendres du volcan qui vient de s'éteindre, pour le ranimer au risque d'être dévoré par lui !

Eh ! bien ces sentimens tout bizarres, tout exagérés qu'ils sont, je les conçois dans le cœur de quelques jeunes hommes à passions ardentes, qui d'un regard ont cru pouvoir mesurer la vie, qui, placés peut-être dans une position sociale qui ne leur permet pas d'être quelque chose, ne peuvent, avec les pensées fortes, énergiques et généreuses qui bouillonnent dans leur tête, supporter l'idée de n'être rien, de vivre ignorés dans le fond d'une mansarde qui leur sert d'asile. Oui, pour ceux-là, oui, le calme, c'est la mort ! et peut-être qu'un grand nombre de Français de 30 à 40 ans, descendant dans leurs propres cœurs, y retrouveraient gravé le souvenir de ces mêmes sentimens qu'ils auraient éprouvés au même âge.

Mais chez des hommes pour qui la vie n'est plus à faire, chez des hommes qui n'ont plus pour excuse la fougue de la jeunesse, leur fausse position sociale et le besoin d'entrer en scène, l'appel fait aux passions politiques n'est plus qu'un crime sans prétexte ou un inexplicable délire. Car enfin un homme sensé, un homme de bonne foi, ne peut pas donner le nom de santé à un état de fièvre perpétuelle, ni celui de marasme à cette douce et heureuse tranquillité dont jouit un peuple à l'abri de ses institutions. Et si tout le monde convient que les peuples grandissent dans les agitations, que les caractères se dessinent fièrement dans les troubles politiques, et que des hommes inconnus y apparaissent tout-à-coup comme des géans, je ne sache pas que personne ose soutenir que, si ces crises amenées par l'impérieuse nécessité sont indispensables pour détruire de vieux abus, la paix ne soit pas le seul moyen pour réédifier et conserver.

N'aurait-on pas vu d'ailleurs quelle monstrueuse différence il y aurait entre ces troubles politiques, excités par l'indignation et la fureur, contre des actes d'une illégalité flagrante ou d'un effrayant despotisme, ou ces froides agitations ordonnées à jour fixe par la loi elle-même, comme pour offrir un théâtre à des passions sans conscience, qui dégradent tout à la fois et les meneurs et les menés ?

Non, telle n'a pu être la pensée de l'écrivain que je combats. On peut être divisé sur l'é-lection d'un roi ; les bons citoyens ne peuvent l'être quand il sagit de l'existence même de la patrie.

Ainsi, quand on parle de congrès national, à moins d'avoir oublié toutes les leçons de l'expérience, on n'a pas dû vouloir parler d'assemblées générales de la nation, mais probablement d'une réunion d'hommes envoyés à Paris de tous les départemens de la France. Or, je vous le demande, ce congrès national n'existe-t-il pas ? Les Français, dans de nou-

velles élections régulières, basées sur une loi
élargie avec prudence, n'ont-ils pas été ap-
pelés à choisir de nouveaux mandataires des-
tinés à consolider l'œuvre de la révolution? Il est
vrai que la France qui n'avait rien vu de provisoire dans l'élection de Louis-Philippe, n'a
pas dit à ses députés : « Allez, réunissez-vous
» en assemblée constituante, et usant des pou-
» voirs que je vous donne, affermissez la cou-
» ronne sur la tête de Louis-Philippe, ou bien
» arrachez de ses mains le sceptre qu'il ne
» tenait qu'à titre de dépôt provisoire. Re-
» prenez la révolution au point où elle était
» après les journées de juillet; recommencez
» tous les hasards d'où l'élection du duc d'Or-
» léans nous avait fait sortir : choisissez entre
» le fils de Napoléon, élève de Metternich, et
» le petit-fils de Charles X, ce jeune exilé
» d'Holy-Rood dont les oreilles n'ont encore
» entendu d'autre bruit de canon que celui
» de son royal château tiré contre des Fran-
» çais combattant pour la Charte. » Mais les
électeurs ont dit à leurs mandataires : » Ne re-
» mettons pas en délibération l'avenir de la

» France. Un gouvernement existe, nous l'a-
» vons reconnu, conservons-le. Obtenez de lui
» toutes les améliorations successives que la
» France a droit d'attendre du gouvernement
» de son choix. Allez, n'oubliez pas que vos
» votes doivent toujours être l'expression de
» la conscience éclairée par la discussion. »

C'est là, ce me semble, la véritable représentation nationale; mais vous allez me dire :
Nous, et ceux qui pensent comme nous, nous
ne nous sommes pas rendus aux élections, et
notre absence a laissé dans le nombre des
électeurs des vides immenses. Des vides immenses ! Eh ! qui vous a empêchés de les remplir ? La loi vous a-t-elle exclus des colléges
électoraux ? pourquoi n'avez-vous pas usé de
votre droit ? pourquoi avez-vous négligé de
vous acquitter d'un devoir ? En admettant que
la nouvelle royauté ne vous convienne pas, la
patrie n'est-elle donc rien pour vous ? pourquoi lui refusez-vous votre appui, vos lumières ?
Si votre opinion est bonne, si elle compte
de si nombreux partisans, pourquoi ne vous
êtes-vous pas présentés en masse pour la faire

triompher? Influencés par vous, entraînés par vos moyens d'action, peut-être que les électeurs auraient tenu un tout autre langage; peut-être vous auraient-ils donné un mandat spécial pour réformer la monarchie à votre gré? Elus dans tous les départemens de la France, vous auriez exposé vos doctrines dans la nouvelle chambre; elle n'eût pas manqué de les accueillir, la majorité n'était-elle pas à vous? Vous vous seriez avec raison proclamés les véritables représentans du peuple; soutenus par l'opinion publique, vous auriez dit à la nouvelle royauté : « La France a été con-
» sultée : en nous envoyant ici, elle déclare
» par notre bouche qu'elle refuse sa sanction
» à ce qui a été fait depuis les journées de
» juillet : elle réclame le trône pour Henri V.
» Cédez la place à notre candidat. » Vous ne l'avez pas fait : les élections ont eu lieu sur tous les points de la France, et votre opinion n'y a point compté de représentans ! merveilleuse indifférence, quand la victoire devait être si aisée !

Ne serait-ce pas plutôt que sachant bien que, malgré tous vos efforts, vous ne pouviez compter sur aucune chance réelle de succès, vous avez craint de faire constater votre nouvelle défaite, de faire voir à la France en quelle petite minorité vous vous trouviez ? Ce serait une supercherie adroite, mais inutile. Toutes vos forces sont connues ; et vous, chefs du parti, vous ne pouvez vous faire illusion sur l'issue du combat ! Vous osez dire que votre opinion est celle de la France ! Avez-vous donc oublié que, sous le dernier gouvernement, en dépit des misérables moyens dont il a fait usage, vos partisans ont été battus sur tous les points ? Ce qu'ils n'ont pu faire alors, peuvent-ils raisonnablement espérer de le faire aujourd'hui ? Mais allez-vous me dire, la question est changée. Il ne sagit plus de repousser un ministère odieux que nous vous abandonnons, et qui travaillait au renversement de la Charte : il s'agit aujourd'hui de savoir si l'on doit ravir au duc de Bordeaux une couronne qui lui appartient, tant qu'il ne sera pas prouvé qu'il ne peut la porter sans préjudice pour la France !

Eh bien ! je vous répondrai qu'à tort ou à raison la France s'est déjà prononcée contre votre opinion, par son adhésion spontanée à l'élection de Louis-Philippe, et qu'elle vient de manifester de nouveau ses sentimens dans ses colléges électoraux, le seul congrès national possible, en n'envoyant à la chambre que des députés connus presque tous par leur dévouement à la révolution de juillet, disposés à en soutenir les principes, à en demander les conséquences. Encore une fois, si votre opinion est celle de la majorité des Français, pourquoi n'avez-vous rien fait pour la faire représenter ? Vous en imposez, ou vous êtes coupables d'une indifférence qui ne peut s'expliquer, et dans l'un et l'autre cas vous êtes de mauvais citoyens (1).

(1) **M.** de Châteaubriand définit ainsi cette expression : Un *mauvais citoyen........ Pour celui qui dîne et qui rit, un mauvais citoyen est celui qui ne*

Je vous entends me dire : les formalités à remplir pour prendre part aux élections répugnaient à nos consciences, et ce motif a dû nous en éloigner. Je crois bien en effet que ces sentimens de délicatesse ont existé réellement dans le cœur de quelques hommes droits et généreux. La famille exilée avait sans doute de véritables amis, et je ne suis pas de ceux qui blâment ces sentimens d'amitié et de reconnaissance qui survivent au malheur. Oh ! non, il y a là quelque chose de grand que comprennent bien toutes les nobles âmes, et à mes yeux, une opinion consciencieuse, quelque différente qu'elle soit de la mienne, est toujours respectable et sacrée, quand elle ne se manifeste pas par des actes que défendent les lois. Mais je vous le demande, comment se fait-il que cette répugnance consciencieuse

dîne pas et qui pleure. Il me semble que la définition, modifiée de la manière suivante, serait moins plaisante peut-être, mais beaucoup plus vraie : *Pour celui qui dîne et qui rit, un mauvais citoyen est celui qui l'empêche de dîner et de rire.*

ne se soit montrée que dans les lieux où les résultats des élections précédentes ne pouvaient laisser aucune espérance à votre opinion? Comment se fait-il que partout où le succès vous a paru, je ne dis pas certain, mais seulement possible, les partisans de Henri V se sont mis en ligne pour soutenir le combat, et ont dans quelques localités remporté la victoire? Les devoirs rigoureux de l'honneur changeraient-ils donc avec les degrés de latitude et de longitude des diverses contrées de la France? Ou bien se croirait-on justifié par le succès d'une action regardée comme coupable, seulement quand elle ne mène à rien? Il me semble qu'il y a là une contradiction bien singulière entre les paroles et les actes !

Il résulte de tout ce que nous venons de dire, qu'il y a eu dans la conduite de la France *nécessité* et *raison*. En s'arrêtant à l'élection de Louis-Philippe, elle n'a été déterminée que par la conviction que cette combinaison politique était ce qui lui convenait mieux dans l'état actuel. Examinons maintenant si la royauté de juillet s'est montrée digne de son mandat, et si elle mérite les accusations que les différens partis dont les projets ont été déjoués, n'ont cessé de faire peser sur elle avec une violence que, dans tout les cas, rien ne peut justifier.

INTÉRIEUR.

« Ce qu'il fallait à cette royauté, dit M. de
» Châteaubriand, c'était de l'élan, de la jeu-
» nesse, de l'intrépidité. Tourner le dos au pas-
» sé, marcher avec la France nouvelle, à la ren-
» contre de l'avenir : telle était sa destinée. »
Voilà, si je ne me trompe, un programme
de politique un peu aventureuse. ---Il me paraît même assez difficile de fixer le sens de
cette phrase brillante qui peut éblouir au premier coup d'œil. Tourner le dos au passé !
qu'est-ce à dire? Selon vous, la France devait-
elle négliger les leçons de l'expérience ? de-
vait-elle répudier le bien que le passé lui avait
légué, sacrifier le présent pour courir au-devant d'un avenir incertain, qu'il n'est au pouvoir de personne de prévoir ou de prévenir.
Sans doute on n'a pas pensé que la révolution

de juillet consistât à recrépir un vieux trône
dégradé, à reclouer un velours neuf à la place
de celui que le sabre avait déchiré, à continuer
enfin le système d'un gouvernement de mau-
vaise foi, qui guettait le moment d'anéantir
ce chiffon de papier qu'on appellait la Charte,
avec l'impatience d'un chasseur qui attend sa
proie ! Non telle n'a pas été la mission de la
nouvelle royauté. La France, en la créant, l'a
chargée de consolider l'œuvre de la révolution
de 89, en la préservant des horreurs de quatre-
vingt-treize, de donner un brevet de vie à la
liberté, en la sauvant de la licence, d'établir
enfin des rapports d'amitié avec tous les gouvernemens de l'Europe, en leur prouvant, par
notre attitude calme et ferme, que nous vou-
lions rester les maîtres chez nous, sans songer à
nous mêler de leurs affaires intérieures : tel a
été le mandat de la monarchie élective, et non
pas d'aller se placer à la tête de toutes les insurrections, avec l'impétuosité irréfléchie d'un
jeune homme qui s'essaie à la vie, ou d'un
chef d'avant-garde marchant sans prudence à
la poursuite de l'ennemi.

Or, quoi qu'on en dise, la nouvelle royauté
a su répondre dignement aux espérances des
Français véritablement amis de leur pays. On
peut la représenter sous des couleurs fausses
et ridicules ; mais qui prendra jamais une ca-
ricature pour un portrait? Non, quand on
pense à tous les obstacles qu'il a fallu surmon-
ter, à toutes les passions soulevées comme les
flots de la mer dans un jour d'orage, à l'anarchie inévitable qui régnait dans presque tous
les esprits, à toutes les fureurs des partis em-
pruntant tous les masques pour parvenir à
leurs fins, à cette affreuse crise commerciale
préparée depuis si longtemps, et que la révolution a fait éclater comme une mine ; quand on
pense à la cruelle nécessité de doubler les impôts pour créer une armée qui n'existait pas,
pour soulager par des travaux de tous genres
une population sans ouvrage ; quand on reporte
son attention sur ces émeutes soudoyées, hy-
dres terribles à têtes sans cesse renaissantes ;
quand on songe à tout cela, comment ose-
t-on affirmer, avec des expressions qu'il serait
difficile de qualifier, que cette royauté s'est

présentée *amaigrie, débiffée par les docteurs
qui la médicamentent,* quand appuyée sur cette
admirable garde nationale parisienne , elle n'a
pas craint de se placer en face des émeutes,
quand elle a su résister aux attaques de tous
ses ennemis, et, sans lois d'exception, se maintenir sur un trône qui, selon vous, ne tient à
rien ! Eh bien ! si ce trône ne tient à rien, il
y a là miracle : dans le cas contraire, il y a santé,
force, vigueur, et l'avenir est pour lui.

Ailleurs vous dites : « La république, le chan-
» gement totale de race, le duc de Reichstadt, le
» duc de Bordeaux correspondent à des masses
» populaires plus ou moins considérables, à
» des opinions connues. La monarchie quasi-
» légitime, à quoi et à qui parle-t-elle ? » A
quoi et à qui parle-t-elle ? A tous ceux qui ne
veulent pas plus du despotime d'un seul que du
despotisme de plusieurs, qui ne sont pas plus
partisans de l'absolutisme monarchique que de
l'absolutisme républicain, qui veulent de toutes
les forces de leur âme une monarchie repré-
sentative avec tous ses avantages et toutes ses
conséquences, une monarchie dépositaire et

non propriétaire du pouvoir qu'on ne lui a confié qu'à des certaines conditions, qu'en passant un contrat accepté de part et d'autre, contrat qui cesse d'être obligatoire pour le peuple, le jour où le monarque cesserait d'y être fidèle, enfin une monarchie héréditaire non par droit divin, mais par suite d'une concession que la nation s'est imposée volontairement, une monarchie héréditaire pour ne pas s'exposer sans cesse aux dangers d'une monarchie élective, qui, à chaque renouvellement de règne, agite, comme un tremblement de terre, un pays jusque dans ses fondemens ; c'est à tous ces hommes, c'est-à-dire à l'immense majorité des Français, que ce gouvernement parle et convient ! Et à ce sujet je vous dirai que je pense comme vous que *si la monarchie constitutionnelle des Bourbons de la branche aînée eût pu durer trente où quarante ans sans révolution, les vieilles générations auraient achevé de s'écouler, les jeunes générations nées sous la charte eussent pris le goût de l'ordre légal; peu a peu la royauté abaissant ce qu'elle avait encore de trop haut, se fût convertie en une espèce de présidence royale.* Certainement tout cela eût pu arriver sans une révolution, et la France, hier comme aujourd'hui, ne demandait autre chose qu'un véritable gouvernement constitutionnel. Mais pour qu'il n'y eût pas de révolution, il ne fallait pas sortir de la charte, et malheureusement pour le plus grand nombre de ceux qui environnaient le trône, c'était un état contre nature. Elevés sous le régime du bon plaisir, ils en appelaient le retour de tous leurs vœux. Ils ont été exaucés ; pendant quelques heures ils ont été heureux, le bon temps était revenu, le bon plaisir régnait ! Plaignons-les, leur rève ne fut pas de longue durée ! Ils s'étaient endormis bercés par l'espérance, la liberté s'était chargée de les tirer de leur sommeil.

M. de Châteaubriand accuse ensuite les lois proposées aux chambres de se ressentir du peu de génie, du mélange d'irritation et de frayeur de l'administration ; et pour prouver ce qu'il avance, il s'attache à une seule, la loi relative à la pairie.

Je l'ai déjà dit ; en répondant à M. de Châteaubriand, je n'ai point songé à me faire l'apologiste du ministère, ni à le justifier sur tous les points. Je ne m'attache pas à quelques-uns de ses actes en particulier, que je désapprouverais avec franchise si je les trouvais blâmables et que j'eusse occasion d'en parler : mon examen ne s'est porté que sur l'ensemble et sur les résultats : mon but n'a pas été de prouver que le gouvernement actuel est impeccable, que tous ses actes sont bons, que plus heureux que tous ses devanciers, il a toujours fait le bien sans commettre aucune faute. Non : en admettant cette folle hypothèse, j'aurais fait, des hommes qui nous régissent, des dieux; et il faut avouer que l'espèce humaine n'arrivera jamais jusque-là. Mais il m'a semblé qu'au total il y avait beaucoup plus à louer qu'à blâmer; que le chemin dans lequel nous marchions était le seul praticable. Alors sans m'occuper des cahots, que peut-être on aurait pu éviter, j'ai battu des mains quand j'ai été convaincu que nous approchions du but vers lequel nous avions demandé qu'on nous fît marcher directement et franchement. Aussi, en réfutant un ouvrage qui cherche à pousser le peuple vers une pensée toute contraire, j'ai cru faire un acte de bon citoyen, et donner quelque poids à mes éloges en me gardant bien d'abdiquer mon droit de censure.

Je n'entrerai pas dans l'examen de cette importante question de l'hérédité de la pairie. La bataille sur ce point a été complétement gagnée, les résultats sont le domaine de l'avenir. Mais je vous avoue que je ne comprends pas les attaques qui ont été dirigées contre le ministère au sujet de cette loi. En effet, les meilleurs esprits sont partagés sur cette thèse qui touche à la constitution de l'état. La nécessité d'avoir dans une chambre héréditaire un contre-poids pour la chambre élective, espèce d'avant-garde de la civilisation, a paru si bien démontrée à quelques hommes, qu'ils ont vu dans l'abolition de l'hérédité une cause imminente d'immenses dangers pour le pays : à leurs yeux, c'était presque une question de vie ou de mort. Ils ont donc cherché à établir leur opinion par la voie de la presse. Mais en général l'opinion contraire prévalait, ses partisans devenaient de jour en jour plus nombreux et plus puissans; de toutes parts le système de l'hérédité était battu en brèche, et la réunion des colléges électoraux prononça son arrêt de mort.

Que devaient faire dans cette circonstance les ministres du Roi? Ils partagaient l'opinion de ceux qni défendent l'hérédité : eux aussi la regardaient comme un des plus précieux rouages du gouvernement représentatif, et dans cette conviction ils auraient désiré pouvoir la conserver; d'un autre côté, l'opinion s'était trop avancée pour qu'on pût espérer de la faire reculer. C'était exposer la France à des chances certaines de nouveaux troubles, dont les suites étaient incalculables. Le devoir du ministère, qui n'est point appelé autour du trône pour imposer ses idées au pays, mais bien pour mettre le gouvernement en harmonie avec la volonté du plus grand nombre dûment et légalement constatée, était d'examiner s'il n'y avait pas plus de dangers à conserver l'hérédité qu'à la détruire. C'est ce qu'il a fait. Le résultat de ses méditations a été de sacrifier son opinion personnelle, qui, malgré sa con-

viction, pourrait bien encore être une erreur,
à l'opinion de la France proclamée dans les
colléges électoraux. De deux maux il a choisi
le moindre : il n'y a pas là impéritie, mais
prudence. D'ailleurs, en présentant la loi contre l'hérédité de la pairie, le ministre a parlé
le langage d'un bon citoyen, lorsqu'il a fait
entrevoir à la chambres les dangers probables
d'une pareille mesure ; et si malgré ses ré-
flexions, si, malgré quelques discours très re-
marquables en faveur de l'hérédité, la chambre à persisté dans son opinion, cette décision,
prévue depuis long-temps, a prouvé que le
ministre qui s'était chargé de présenter le
projet de loi, avait parfaitement compris sa
position, et ménagé, en homme habile, la
nouvelle royauté qui se fût trouvée gravement
compromise en la mettant maladroitement en
opposition avec la chambre, avec la France. La
conduite du ministère dans cette circonstance
a donc encore été tracée par une connaissance
approfondie des vœux du pays. Il n'a point
agi contre sa conscience, il n'a fait qu'accom-
plir un devoir en préservant la France d'un

danger plus menaçant que celui qui pouvait résulter de l'abolition de l'hérédité de la pairie.

Passant ensuite à nos libertés, M. de Châteaubriand demande si elles ont été mieux *élaborées* que nos lois. Il compte les procès intentés à la presse dans l'espace d'un an, et il ajoute : *J'ai prévu et prédit dès le premier moment , que la monarchie surnommée républicaine , ne pourrait marcher avec la liberté de la presse, la légitimité seule était capable de la braver.*

Il faut convenir alors que la légitimité a été bien gauche. Comment, elle était seule capable de la braver et c'est pour l'étouffer qu'elle a déployé tous ses moyens d'action ! Avez-vous oublié sous combien de formes la légitimité nous a présenté la censure? Auriez vous le pouvoir d'anéantir toutes ces lois de prévention et de tendance où l'arbitraire se trouvait si à l'aise ? Si seule elle pouvait la braver, comment a-t-elle donc cédé si niaisement aux conseils des faiseurs d'ordonnances. Il n'y a qu'un seul gouvernement qui puisse braver la

liberté de la presse. C'est celui qui se main-
tient et a la ferme volonté de se maintenir
dans la stricte observation de la loi. Celui
là seul n'a rien à en redouter. La légitimité ,
comme tous les autres gouvernemens, sera
renversée par l'influence victorieuse de la
presse, quand la légitimité deviendra parjure. Les pavés de la Capitale ont pu le lui
apprendre.

Mais sous un régime de bonne foi, dont
tous les actes , toujours conformes à la loi
qui nous régit, doivent être livrés au grand
jour, la presse peut être libre impunément.
Là , il n'y a plus de coulisse, les rouages
sont à découvert, tout se passe sous les
yeux du spectateur; il n'y a plus d'illusion
peut-être , mais on sait à quoi s'en tenir. Alors,
puisqu'il n'y a plus rien de caché, la liberté
de la presse n'offre plus aucun danger; le gouvernement n'a dû songer ni à la réprimer ni à
la combattre.

Or, cette liberté existe aujourd'hui dans
toute sa plénitude, et si quelqu'un pouvait en
douter, pour l'en convaincre , il suffirait de lui

faire lire l'ouvrage que je réfute. Aussi, je ne sais de quels termes me servir pour qualifier l'assertion de ceux qui avancent que la liberté a été attaquée, parce que des procès ont été dirigés contre la calomnie, l'injure, la diffamation, l'excitation à la haine du Gouvernement établi, la provocation à la guerre civile ! Tant que le gouvernement de Louis Philippe, *sorti des entrailles de la liberté de la presse,* se bornera à de pareils procès, dont la décision d'ailleurs appartient au jury, on ne peut pas craindre sérieusement de lui voir *égorger sa mère.* En effet, près de la liberté, mère du bon ordre, il est un monstre dangereux que quelques esprits affectent de confondre avec elle : c'est la licence, mère de l'anarchie ; elle porte les habits de la liberté, elle en prend tous les attributs, et ainsi déguisée elle vient audacieusement réclamer des droits qui ne sont pas les siens, et qu'elle ne peut qu'usurper. Mais étudiez-la de près, arrachez lui son masque : Au lieu de la liberté à l'œil fier mais serein, aux manières hardies mais nobles, à la démarche grande et majestueuse, à la voix généreuse et forte qui commande l'attention et le respect, que trouvez-vous? Un être hideux à l'œil louche et sanglant, cachant en vain dans les plis de sa robe le poignard dont sa main est armée, laissant lire dans son regard farouche les pensées anarchiques qui dévorent son cœur ; c'est le plus grand ennemi de la liberté qu'il singe, et tous les bons citoyens doivent prêter leur aide au gouvernement pour étouffer ce monstre au rire satanique, à la voix infernale. Dans une société qui veut vivre, nul n'a le droit de tout faire impunément, chacun est renfermé dans les limites de la loi qui punit les crimes qu'elle a prévus ; le droit de tout dire serait-il donc le seul sans limites, et la parole qui fait tuer restera-t-elle impunie, quand on condamne l'assassin ?

De la liberté de la presse, M. de Châteaubriand passe à la liberté des cultes. Il accuse l'administration d'avoir laissé insulter sur les théâtres le culte public, et livrer à la dérision les choses saintes. *Cette administration, ajoute-t-il, va à la chasse des croix.*

Comme à M. de Châteaubriand, l'administration me paraît digne de blâme, si, pouvant empêcher le désordre dont il se plaint, elle l'a toléré sur les théâtres publics. J'avoue que j'ai éprouvé de grands sentimens de dégoût à la représentation de quelques pièces que la révolution a fait éclore sur nos petits théâtres ; et ici il ne s'agit point de leur mérite littéraire, la remarque porte sur le fond même des pièces et sur ces plats quolibets ou les basses et indignes plaisanteries dont elles sont hérissées. Il y a là licence, et la licence théâtrale, avec tous ses moyens de séduction, ne peut pas être plus supportée que la licence de la presse. M. de Châteaubriand a donc raison de se plaindre, et je suis entièrement de son avis.

Mais quoique d'accord avec lui sur ce point, il me permettra de lui faire remarquer qu'il n'est pas tout-à-fait d'accord avec lui-même. Tout à l'heure il blâmait avec amertume le Gouvernement à l'occasion des procès de la presse, et maintenant il le blâme de n'en pas faire aux théâtres. Il y a, je crois, une contradiction que j'ai dû faire remarquer, et qu'on

ne pourrait peut-être expliquer qu'en suppo-
sant, ce qui n'est pas admissible, que M. de
Châteaubriand défend la presse parce qu'elle
attaque en général, quoique avec des vues
bien différentes des siennes, l'ordre de choses
actuel qu'il attaque lui-même, et qu'il veut
qu'on fasse des procès aux théâtres parce
qu'ils attaquent les objets de son culte et de
son respect, et en cela il a raison, mais il fau-
drait tâcher d'être conséquent.

Quand aux croix *à la chasse desquelles va
l'admiuistration,* il y a une distinction essen-
tielle à faire. Une partie des populations n'ont
voulu voir dans les croix de missions qu'un
monument politique qui leur rappelait une
domination dont elles ne voulaient plus. Elles
ont demandé et obtenu que ces croix disparus-
sent et presque partout l'autorité, prévenant
l'effervescence populaire, les a fait transpor-
ter avec soin et respect dans les cimetières ou
dans les églises. Malgré les déclamations,
je ne puis voir que de la prudence dans de
pareilles mesures, j'y cherche en vain de l'im-
piété. Tout le tort doit retomber sur ceux qui,

en érigeant ces croix, oublièrent qu'il y avait une espèce de sacrilège à mêler la religion à la politique et à l'attacher à un trône terrestre qui, en tombant, pouvait l'entraîner dans sa chûte, si elle pouvait périr. Il eût été à désirer que partout l'autorité se fût empressée d'agir ainsi pour éviter aux catholiques de nos villes le scandale donné par quelques hommes.

Mais si j'approuve le déplacement de ces croix de mission, je ne puis que condamner encore avec M. de Châteaubriand, le renversement de celles qui n'avaient rien de politique. La liberté des cultes ne doit pas être uu vain mot et le devoir du gouvernement est de leur accorder à tous une égale protection. Le culte catholique, en cessant d'être par la loi *religion de l'état*, ne doit pas, ce me semble, voir établir en sa faveur une espèce de privilège de persécutions ; si je respecte le temple protestant, la synagogue ou la mosquée, je veux au moins qu'on respecta aussi mon église. Ne serait-il pas absurde d'ailleurs de penser que le croissant mahométan pourrait avec impunité briller sur le sommet d'une mosquée que l'on viendrait bâtir au milieu de Paris, tandisque la religion catholique seule ne pourrait pas placer sur ses temples ses marques distinctives? si le gouvernement n'a point empêché de pareils abus, ou ne les a point punis, le gouvernement a eu tort. Il n'y a qu'une seule chose qui puisse lui servir d'excuse : c'est l'état de révolution où se trouvait la France au moment de ces désordres : il n'est personne qui ignore que, dans ce cas, les gouvernemens les plus forts ne peuvent pas toujours faire ce qui est juste, ni remplir exactement tous leurs devoirs. Il n'y a qu'un Dieu qui puisse à son gré apaiser la tempête et il y aurait peu de justice à s'en prendre au pilote de ce que les flots soulèvent encore le navire même après que le vent a cessé de soufler.

Enfin M. de Châteaubriand termine son article *Intérieur*, par une série de questions qui peuvent se résumer ainsi: Pourquoi y a-t-il vente de bois de l'état, accroissement de taxes, cessation de travail, inquiétude des esprits, armement de la population entière ? Pourquoi enfin ces émeutes répétées ?

Toutes ces questions trouveront leur solution dans cette courte réponse. Les puissances étrangères ignorant quelle forme de gouvernment sortirait des barricades et craignant, comme quelques journaux l'annonçaient, une guerre de propagande, s'empressèrent de rassembler leurs armées pour les mettre en état d'entrer en campagne.

La France, venait de détruire l'œuvre de la sainte alliance. Elle avait secoué le joug qui lui avait été imposé; dès lors elle a du s'attendre à la colère de l'Europe. Mais comme elle ne voulait pas de troisième invasion, elle se prépara à d'immenses sacrifices pour fournir au gouvernement de son choix les moyens de résister à une attaque que tout le monde prévoyait. Elle savait bien, au moment où elle chassa les Bourbons, qu'il y aurait à la suite de cette révolution, vente de bois de l'état, accroissement d'impôts, cessation de travail, inquiétude des esprits, armement de la population entière. Maie elle a préféré tous ces maux, quelque grands qu'ils soient, à la perte de ses libertés, elle a préféré la guerre étrangère avec toute l'Europe, si elle devenait inévitable, à la guerre civile qu'aurait infailliblement prolongée une décision en faveur du duc de Bordeaux, par ce qu'il était impossible qu'après le 28 juillet les vainqueurs du Louvre restassent en paix avec les vaincus de St.-Cloud. Alors comme par enchantement, nous avons vu se former en quelques mois une armée magnifique, animée du plus vif enthousiasme, et belle comme aux plus beaux jours de l'empire, et s'appuyant sur une réserve d'un million de gardes nationaux prêts à marcher au premier signal. De toutes parts nos fonderies rivalisèrent d'activité, un matériel immense sortit de nos ateliers militaires, et l'Europe à la vue de ces préparatifs formidables d'une nation régénérée s'arrêtera tout-à-coup. Il y a eu gain pour la France, dans les sacrifices qu'elle s'est imposé, puisqu'ils ont eu pour résultat de nous préserver des malheurs d'une nouvelle invasion, des atrocités d'une guerre civile, et de consolider l'œuvre des trois journées. S'il y a encore quelque légère agitation, si sur quelques points de l'ouest et du midi, l'horizon est encore couvert de nuages, faut-il s'en étonner puisque c'est une conséquence nécessaire de toute révolution ! Mais l'influence bienfaisante de la paix suffira bientôt pour les dissiper. Grâce à la sagesse de notre gouvernement, la paix générale est assurée et de toutes parts la confiance remplace l'inquiétude. Espérons donc qu'aussitôt que le désarmement de l'Europe sera terminé, nous verrons le commerce refleurir, les travaux reprendre leurs cours : déjà dans plusieurs contrées de notre belle patrie, ces espérances se sont réalisées ; les manufactures ont rappellé leurs ouvriers, l'avenir se montre sous de riantes couleurs, et la civilisation dont la guerre aurait sans doute embarrassé la marche, descendant jusques dans les classes inférieures, améliorera leur éducation politique, et contribuera puissamment au développement rapide de nos institutions.

M. de Châteaubriand termine comme on a pu le remarquer sa série de questions par celle-ci : *Pourquoi ces émeutes répétées ?*

Ah ! l'illustre écrivain n'est pas le seul qui fasse cette question. Tout le monde se demande aussi comme lui : pourquoi ces émeutes répétées? Et il n'est pas toujours facile de trouver une réponse satisfaisante. Mais on n'en conclut pas cependant comme lui que les émeutes n'ont lieu que parce que *la monarchie nouvelle n'est pas le vœu et l'intérêt de la France.*

En effet ces émeutes n'ont pas toutes été dirigées contre le gouvernement actuel : les plus dangereuses même l'ont été contre les partisans de Henri V. Quand pendant plusieurs jours la Chambre des pairs fut assiégée par des milliers d'hommes furieux demandant à grand cris la mort des anciens ministres, était-ce par haine contre le gouvernement de Louis-Philippe que cette émeute ʼagissait? N'était-ce pas contre la famille de Charles X que le victimes de julllet poursuivaient jusque dans ses conseillers? Plus tard était-ce contre le Palais-Royal que marchaient les dévastateurs de St.-Germain l'Auxerrois et de l'Archevêché, le jour où dans un incroyable délire on s'avisa de vouloir faire rendre au duc de Bordeaux les honneurs de la royauté? Etrange idée que de chercher dans des émeutes contre les anciens ministres de Charles X et les partisans de Henri V, des argumens en faveur de ce jeune prince contre la royauté de Louis-Philippe!

Quant aux émeutes qui ont un peu plus tard encore et à plusieurs reprises compromis pendant quelques jours la tranquillité de la capitale, et jeté de l'inquiétude dans la France, il suffit de les avoir vues de près pour savoir à quoi s'en tenir sur leur cause et leur but. Personne n'ignore que deux partis opposés, d'un côté de prétendus républicains, qui profanent ce titre en le faisant descendre dans la boue des places publiques, de l'autre des partisans du duc de Bordeaux, se sont trouvés souvent réunis dans les groupes séditieux, et que se donnant, pour ainsi dire, la main, ils s'empressaient, comme de concert, de saisir tous les prétextes pour exciter à la révolte des hommes à figures ignobles, qu'on chercherait vainement dans les rues de Paris pendant les jours de paix et de tranquillité, et qui appartiennent de droit à quiconque les appelle au désordre. Mais tous ces coupables efforts sont venus expirer devant la fermeté du Gouvernement, le dévouement inappréciable ¦ de la garde nationale et la fidélité des troupes de ligne. Oui, j'ai entendu les émeutiers s'écrier à la vue de la garde nationale fraternisant avec les soldats de l'armée : *Il n'y a plus rien à faire, les bonnets à poil sont contre nous.* Eloge magnifique de cette belle institution que détestent si cordialement tous les briseurs de réverbères et les héros de taverne, qui s'imaginent que, parce que dans les journées de juillet les lanternes ont été brisées, il suffit de briser encore une fois celles qui les ont remplacées pour faire une nouvelle révolution. Insensés, qui ne savent pas quelle prodigieuse différence existe entre les cris désordonnés d'un parti aux abois, et la grande voix d'une nation qui se soulève tout entière !

Ma tâche sur l'intérieur est remplie. J'espère avoir repoussé assez victorieusement les attaques les plus vives dirigées contre l'ordre de choses actuel. Sans tout approuver, je crois

que notre gouvernement mérite beaucoup plus
d'éloges que de reproches. Un esprit qui ne
se laissera pas égarer par la passion fera nécessairement la part des circonstances, et au lieu
d'aggraver le mal par des satires amères et dangereuses, il ne le dissimulera pas sans doute,
parce que la royauté à besoin de conseillers
et non pas de flatteurs ; mais il aura soin de
faire ressortir tout le bien qui aura été fait,
afin de rattacher au nouvel ordre de choses
le petit nombre de mécontens qui continuent
à bouder. Un homme qui aime son pays, qui
ne songe point à le sacrifier aux intérêts d'une
famille quelque chère qu'elle lui soit, n'ou-
bliera jamais que l'union est le seul moyen
de force et de prospérité pour tous les états,
et loin de se servir de son talent comme d'un
levier pour soulever les masses, ou d'un coin
pour les séparer, il n'emploiera les lumière
de son génie que pour éclairer et non pour
éblouir.

EXTÉRIEUR.

Toutes les accusations dirigées contre la marche du Gouvernement dans les affaires extérieures peuvent se résumer ainsi : la France, immédiatement après la révolution de juillet, devait s'incorporer la Belgique, reprendre sa limite du Rhin, donner des secours à l'insurrection italienne, et voler au secours de la Pologne.

Aucune de ces accusations n'a le mérite de la nouveauté. Tout a été dit à ce sujet dans les journaux. Des orateurs d'un très-grand mérite ont plusieurs fois, à la tribune nationale, attaqué avec une brillante énergie et d'une manière très-étendue notre politique extérieure ; des explications ont été demandées, elles ont été données. La France a pu juger si en effet son gouvernement avait forfait à l'honneur ou manqué aux devoirs de l'humanité. Les mêmes attaques demandant les mêmes moyens de défense, il était, ce me semble, inutile de rouvrir une discussion qui dès-lors devient interminable. Car, je le répète, dans le coup-d'œil rapide jeté par M. de Châteaubriand sur nos rapports extérieurs, je n'ai aperçu aucune vue nouvelle, aucune assertion à laquelle il n'ait été répondu. Il paraît que le parti est pris de tourner toujours dans le même cercle. Il me serait facile de grossir ce petit ouvrage sans faire beaucoup de frais d'imagination. Il me suffirait, et ce ne serait pas la moins solide ni la mons brillante partie de ma réponse, de faire ce qui est au pouvoir de tous, c'est-à-dire d'ouvrir les journaux de l'époque, et d'y prendre les discours de MM. Casimir Périer, Sébastiani, Soult, Montalivet, d'Argout, Barthe, Guizot, Thiers, et autres orateurs à pensées nobles, généreuses, éloquentes. La France a pu juger entre eux et leurs adversaires qui ne leur cèdent ni en talens ni en patriotisme, mais qui ont entendu les intérêts du pays à leur manière. Elle s'est prononcée par l'organe de ses représentans : la conduite du ministère a été approuvée par un vote solennel, et les Français ont bien compris qu'il n'y avait point de déshonneur pour eux à respecter des traités existans, qu'ils auraient cu la force de rompre s'ils l'eussent voulu.

Mais parmi ces questions de relations extérieures, il en est une qu'il nous est impossible de passer sous silence. Tout le monde a deviné que je veux parler de la Pologne. Oh! qui ne verserait des pleurs sur les ruines de Varsovie! Qui de nous ne s'est vivement associé aux douleurs et aux efforts de cette grande et malheureuse nation ! Certes, si jamais guerre eût été populaire c'est bien celle-là ! Oui, les désastres de la Pologne, malgré les efforts de notre raison, pèsent sur nos cœurs comme un rêve affreux : on ne peut s'empêcher de croire qu'avec une diplomatie plus énergique on aurait pu sauver ce peuple de héros, qui comptait sur nous comme un jeune frère compte sur son frère aîné ! Animés des plus vifs sentimens d'amour pour eux, pouvions-nous nous déterminer à calculer froidement les obstacles que la politique a signalés? Il fallait, pour les sauver, faire des miracles : eh bien! personne ne doutait que ces miracles ne pussent se faire : la bravoure française nous y a si bien accoutumés! A-t-on fait dans ces circonstances tout ce qu'il était possible de faire? Je l'ignore. Il n'y a qu'une chose, une seule chose, qui puisse justifier les ministres : c'est l'assurance que leur conduite, à l'égard de la Pologne, leur a été tracée par la conviction qu'en suivant un autre système, l'avenir de la France était perdu! Ils l'ont affirmé à la tribune : nous devons les croire. Et alors nous sommes obligés de leur remettre, avec le désespoir dans le cœur, le bill d'indemnité qu'il nous demandent pour avoir rempli le plus rigoureux devoir d'un citoyen, celui de sacrifier sa popularité, ses propres sentimens d'amour et de sympathie, pour satisfaire aux exigences de la raison qui leur criait : *Avant tout sauvez la France, plus tard elle sauvera les autres!* C'est à l'histoire qu'appartiennent de pareils hommes ; elle les livrera à la postérité qui, sans passions, saura les apprécier et les juger,

En résumé, depuis notre révolution de juillet, grâce à notre diplomatie et à nos armées prêtes à entrer en campagne, qu'avons-nous vu? Un royaume nouveau créé sur nos frontières et soumis par la force même des choses, quoi qu'on en dise, à notre influence toute puissante : Guillaume de Hollande, à l'aspect de nos jeunes soldats, forcé de rentrer sur son territoire, sans que la Prusse ait osé faire la moindre démonstration en sa faveur : les troupes impériales sortant, à notre voix, des états romains : les Italiens réfugiés recouvrant leur patrie : l'orgueil de don Miguel humilié, et le pavillon tricolore flottant dans les ports de Lisbonne pour annoncer aux rois absolus qu'on n'insulte pas la France impunément. Il me semble que cette énumération des faits qui ont marqué l'année qui vient de s'écouler n'est pas précisément sans gloire, qu'un Français peut encore porter ce nom sans rougir et marcher la tête haute. Et quand on pense que ces grands résultats ont été obtenus sans effusion de sang, sans lois exceptionnelles, et par les seules ressources de la prudence et de la franchise, on peut croire encore à la dignité du trône, au bonheur de la France. La paix dont on se plaisait à nous démontrer l'impossibilité, nous l'avons, l'Europe l'a acceptée de nos mains, car la guerre dépendait de nous : elle a eu confiance dans cette nouvelle famille royale à qui les royaumes naissans s'empressent de demander pour chefs l'un de ces jeunes princes élevés simplement, comme tous les Français, dans nos maisons d'instruction publique : l'élection d'un roi connu par la sagesse de ses opinions, par la bonté et la fermeté de son caractère, par toutes ses vertus privées qui ne pouvaient que rehausser le trône sur lequel on le plaçait, a fait comprendre aux gouvernemens européens que la France, jalouse de sa liberté, ne songeait point à recommencer sa carrière militaire, et que son épée resterait dans le fourreau, si l'Europe était assez sage pour ne pas la forcer de l'en tirer. La paix que nous offrions, je le repète, on l'a acceptée, c'est de nous qu'on l'a reçue : car on n'*aumône* pas la paix à une nation qui la réclame avec une armée de ligne de cinq cent mille

hommes et un million de gardes nationaux.
Cette nation, quand elle le jugera convenable,
sera toujours l'arbitre des destinées du monde.
Elle porte dans ses mains la paix et la guerre.
Elle a préféré la paix et s'est placée ainsi à la
tête de la civilisation, qui n'est autre chose
que la philosophie appliquée au gouvernement
de l'homme.

En terminant, je dois dire à M. de Châteaubriand que je regarde comme un des malheurs
de ma vie de m'être cru obligé de le combattre.
Il m'avait si bien accoutumé à l'admiration,
qu'il m'était impossible de prévoir qu'un moment viendrait où je regarderais comme un
devoir de citoyen de me mettre en opposition avec lui! Mais un je ne sais quel senti-
ment d'irritation m'a saisi à la lecture de son
ouvrage; je me suis senti entraîné malgré
moi à prendre la plume; je voyais dans cha-
cune de ses pages un élément de discorde;
il m'a semblé qu'à part cette lettre charmante
adressée à Béranger, il n'avait déployé ici toutes les forces de son génie que pour nous pré-
parer une nouvelle révolution; et quoique

convaincu que telle n'a pas été l'intention de M. de Châteaubriand, j'ai pensé qu'il fallait nécessairement faire voir tous les dangers de son livre; et alors bravant les haines que cette réfutation pourra peut-être soulever contre moi, je n'ai pas craint, dans l'intérêt de ma patrie, de m'exposer à tous les soucis qui pourraient en être le résultat.

POST-SCRIPTUM.

25 NOVEMBRE.

Au moment où je termine ce petit ouvrage, où je parle de paix et de bonheur, les
nouvelles les plus désastreuses nous arrivent
de Lyon. Les ouvriers insurgés au nombre
de quinze mille hommes, dit-on, après des
combats meurtriers et opiniâtres, sont res-
tés maîtres de la ville, et les troupes de ligne
obligées de l'abandonner. Depuis quelque
temps déjà des tentatives de ce genre avaient
eu lieu; mais l'autorité veillait, et sa voix n'avait

point été méconnue. La misère est le motif ap-
parent. Cependant quand on réfléchit que,
dans le courant de l'hiver dernier, les mêmes
ouvriers dont la misère, augmentée par la
rigueur de la saison, était bien réelle alors,
ne se sont portés à aucune espèce d'excès ;
quand on songe que c'est au moment où le
travail reprend de l'activité, où la paix générale doit faire espérer une diminution dans
les charges et un accroissement dans les
bénéfices, qu'une des insurrections les plus
violentes vient jeter l'effroi et la mort dans
la seconde ville du royaume, que tout annonce une organisation complète et la pré-
sence de chefs habiles ; quand on remarque
d'ailleurs les nouvelles tentatives qui ont eu
lieu dans le Midi et sur plusieurs points de la
Vendée, il est impossible de ne pas voir un
commencement d'exécution d'un vaste complot
tramé contre le Gouvernement. Je ne crains
pas de le dire : les espérances du parti déchu ont dû se ranimer à la lecture du nouvel
écrit de M. de Châteaubriand ; ils on dû penser
que l'éloquence de l'avocat du jeune prince

séduirait beaucoup d'esprits; et dans cette hypothèse, ils ont redoublé d'efforts pour exciter dans l'Ouest et dans le Midi des troubles anarchiques, avec la pensée que probablement la France, lasse de tant de désordres, finirait par se jeter dans leurs bras. Je puis me tromper et, je le déclare encore, je n'accuse pas les intentions ; mais , quoi qu'il arrive, je soutiendrai que le langage de certains écrits et de certains jonrnaux de différentes couleurs ne peuvent que nous mener à l'anarchie la plus effrayante. Hélas! les insensés! ne savent-ils donc pas que l'anarchie finit toujours par dévorer ceux qui l'ont provoquée (1) ?

(1) On s'accorde généralement à dire que les troubles de Lyon n'ont point de couleur politique. En effet, aucun cri séditieux, dit-on, ne s'est fait entendre , aucun drapeau n'a été arboré. Mais personne ne doute que ces malheureux ouvriers n'aient été poussés à ces affreux excès par un parti ennemi du Gouvernemént. Cette conjecture prend une nouvelle force, quand on sait que des tentatives de différens genres ont été faites pour tourner ce commencement d'anarchie au profit d'une espèce

de gouvernement républicain ou d'une nouvelle
restauration. Les ouvriers, même au plus fort de
l'insurrection , ont repoussé ces essais de révolte
politique, ils ont conservé le drapeau national et
ont paru s'apercevoir, quoique trop tard, qu'ils
n'étaient que des instrumens aveugles dont quelques hommes habiles voulaient se servir pour
commencer la guerre civile et pour faire triompher
une opinion. Je le repète encore, les ouvrages des
écrivains politiques qui n'écrivent que sous l'inspiration d'une minorité factieuse quel qu'elle soit,
en réveillant les espérances et les craintes, ne sont
point étrangers à ces tristes événemens.

M. DE CHATEAUBRIAND vient de faire impri-
mer à l'appui de son manifeste en faveur du
duc de Bordeaux, un *Avis aux lecteurs,* qu'il
vend au profit des *condamnés pour délits de
la presse.*

Cet *Avis* n'étant donné par M. de Châteaubriand que pour déclarer qu'il persiste dans
son opinion, ma réponse a pu paraître dans
son état primitif, sans ratures et sans cartons.

Il y a cependant dans ce nouveau chapitre
quelque chose qui mérite d'être signalé. C'est
l'aveu franc et naïf de l'union des *carlistes et
des révolutionnaires.* Je me sers des expressions de M. de Châteaubriand.

J'ai vu quelques hommes consciencieux, at-
tachés de cœur à la légitimité, froncer le sour-

7

cil à la promulgation de cette espèce de traité
entre les révolutionnaires et les carlistes, traité
qui s'était déjà manifesté par des actes, traité
que le public avait bien su deviner, mais qu'on
cherchait à tenir secret, en niant hardiment son
existence. Aujourd'hui il ne peut plus y avoir
doute : le chef du parti, persuadé qu'il n'y
avait plus aucun avantage à dissimuler, l'a pro-
clamé du haut de sa tribune ; il a déchiré le
voile dont on s'enveloppait, et ceux qui ne
pouvaient croire à une union qui leur paraissait monstrueuse sont bien obligés de se rendre
à l'évidence.

Je ne sais si les partisans du duc de Bordeaux doivent, pour un tel aveu, beaucoup de
reconnaissance à M. de Châteaubriand ; mais
les amis de l'ordre de choses actuel lui voteront
des actions de grâce : sa franchise jette une vive
lumière sur beaucoup d'événemens.

Je ne crois pas devoir faire remarquer que la
vente de cette nouvelle brochure se fait *au profit
des condamnés pour délits de la presse,* c'est-à-
dire au profit de tous les partis, révolutionnaires
ou autres, qui auront été déclarés dangereux

pour le pays par leurs concitoyens réunis en jury et jugeant en conscience. C'est un moyen ingénieux d'émousser le glaive de la justice, de paralyser son action, et d'encourager, non pas la liberté de la presse, mais la plus effroyable licence. Je ne puis me persuader que tout cela obtienne l'assentiment des gens honnêtes qui n'appartiennent point à l'opinion du jour, qui regrettent sincèrement le passé, mais qui n'en voudraient pas accélérer le retour, par des moyens que réprouvent la bonne foi et l'honneur?

M. de Châteaubriand s'étonne de l'effet qu'il a produit ; mais son étonnement, je pense, eût été beaucoup plus grand et plus juste, si l'on ne se fût pas occupé de son ouvrage. Quelque modeste que puisse être un homme de génie, il a toujours la conscience de son talent, et M. de Châteaubriand sait bien que son nom est une puissance.

Son ouvrage, à défaut de toute espèce de mérite littéraire, ce qui était impossible, devait, par sa nature même, exciter tout à la fois des espérances et des craintes ; il ne pouvait passer inaperçu. Et si l'auteur eût prévu un pareil résultat, son ouvrage serait resté en portefeuille, car il n'est pas présumable qu'il ait voulu faire en politique un livre entièrement inutile.

Cette dissertation a donc fait sensation dans le public ; l'auteur a atteint son but, il s'y attendait. Autrement il aurait raisonné comme un homme qui supposerait qu'une pierre lancée dans une foule nombreuse tombera inoffensive, précisément dans le seul endroit où il y aurait un vuide, et vers lequel le hasard et non l'intention aurait dirigé le projectile. Faut-il d'ailleurs s'étonner qu'il y ait incendie, quand on met le feu à des matières inflammables ?

M. de Châteaubriand demande si c'est à sa personne que l'on en veut.

Eh ! qui donc en France pourrait en vouloir à la personne de M. de Châteaubriand ? N'est-il pas l'un des plus grands écrivains de notre époque ; et quand on ne l'aimerait que par reconnaissance pour les plaisirs qu'il nous a procurés par les beaux ouvrages dont il a enrichi notre littérature, n'a-t-il pas droit de compter sur l'affection de tous ses contemporains? Qui d'ailleurs ne rendrait justice à la noblesse de ce beau caractère qu'il a eu tant d'occasions de déployer, à tous les services qu'il a rendus à la cause nationale, en un mot, à l'homme placé au-dessus de tant d'autres comme littérateur et comme écrivain politique?

Mais la reconnaissance et l'admiration ne doivent pas avoir l'aveuglement de l'amour ; il y aurait faiblesse et danger à dissimuler le mal de quelque côté qu'il vienne ; c'est donc une obligation de signaler les erreurs d'un grand citoyen, parce qu'elles sont plus dangereuses par l'éclat même que sa haute réputation fait rejaillir sur elles. Il ne peut pas y avoir là de question de personne ; ce serait ravaler la politique que de la ramener à l'individualité.

M. de Châteaubriand dans son *Avis* attaque à sa manière une ordonnance récente qui vient d'appeler à la pairie quelques-unes de nos plus grandes notabilités militaires. Certaines feuilles publiques, qui depuis quelque jours manquaient d'alimens, ont saisi avec joie cette nouvelle occasion de rentrer en lice, et cette ordonnance a été assimilée à celles qui ont rouvert la route de l'exil pour Charles X et sa sa famille.

Des réunions de quelques députés ont eu lieu à ce sujet. Un projet d'adresse au Roi a été, dit-on, discuté et adopté ; et en effet, M. Dupont de l'Eure a déposé à la chambre une proposition qui a été renvoyée à l'examen des bureaux. J'ignore quelle sera la décision.

Eh bien ! encore dans cette circonstance, je suis obligé d'avouer que je ne comprends pas la conduite de l'opposition.

L'article 23 de la Charte de 1830 dit : *La nomination des pairs de France appartient au Roi. Leur nombre est illimité : il peut en varier les dignités, les nommer à vie, ou les rendre héréditaires, selon sa volonté.*

L'article 68 (dispositions particulières) dit: *Toutes les nominations et créations nouvelles de pairs faites sous le règne du roi Charles X sont déclarées nulles et non avenues. L'article 23 de la Charte sera soumis à un nouvel examen à la session de 1831.*

D'après ces deux articles de la Charte, je
ne comprends pas qu'on puisse accuser d'illégalité l'ordonnance qui vient d'être rendue.
N'est-il pas évident que l'article 23 de la
Charte aura force de loi, tant qu'il ne sera pas
remplacé par un nouvel article adopté par les
chambres? Et dès lors ne résulte t-il pas pour
le Roi le droit de créer à sa volonté des pairs
de France, droit dont il a usé immédiatement
après l'acceptation de la Charte, en appelant
à la pairie l'amiral Duperré, droit qu'on n'a
pas songé à lui contester alors, parce que personne n'avait *voulu* voir dans cet acte aucune
espèce d'illégalité?

Mais, dites-vous, la chambre des députés
a révisé l'article 23, d'après la proposition
même du gouvernement qu'elle a modifiée
selon son droit.

Cela est vrai ; mais vous ne prétendrez pas
soutenir sans doute que, de ce que vous avez
revisé l'article 23, cet article a cessé d'exister
par votre décision. La volonté d'une chambre
ne fait pas la loi. Il faut encore le vote de la
chambre des pairs et la sanction du Gouver-

nement. Votre décision est donc isolée , ce n'est donc encore qu'un projet ; et cela est si vrai qu'elle peut-être entièrement modifiée , rejetée même par la chambre des pairs. Or, peut-on dire avec raison qu'un article de la Charte est effacé par un tel projet? Je ne le pense pas, et les adversaires de l'ordonnance ne peuvent pas eux-mêmes admettre un pareil système.

Pour que la volonté de la chambre eût eu force de loi, pour qu'elle eût pu se placer de vive force dans la Charte, il eût fallu que la chambre se déclarât *Constituante*, et sans examiner si elle en avait le droit , je ne m'appuie que sur le fait ; cette déclaration n'a pas eu lieu.

Maintenant, si l'on se contente de dire qu'il eût été à désirer que le gouvernement n'eût pas eu recours, pendant que l'affaire était en instance , à une mesure de ce genre, je serai d'accord avec les désapprobateurs. Il y aurait eu *convenance* sans doute , mais il n'y a pas *illégalité*.

D'un autre côté , le sacrifice de la pairie

héréditaire est prononcé ; le gouvernement l'a proposé, la chambre des députés a adopté le principe du projet en en rejetant les formes; la France, dont la volonté s'était fait connaître, attend avec impatience cette importante modification aux institutions qui la régissent ; il y a urgence pour l'adoption de la loi , parce qu'il y a danger réel à reculer plus long-temps cette décision provoquée de toutes parts.

Or, je suppose qu'il y ait eu nécessité d'introduire de nouveaux pairs dans le palais du Luxembourg, pour former une majorité en faveur de ce projet de loi, dont, selon l'opinion la plus générale, le rejet peut compromettre l'avenir de la France, le Gouvernement a-t-il dû s'arrêter devant une objection basée sur la *convenance*, quand il y avait péril à ne pas user d'un droit que la Charte lui confère? Encore une fois, où est donc l'illégalité?

Maintenant, si vous voulez condamner ce pouvoir qu'a le Gouvernement de se créer des majorités, pouvoir peu dangereux sans doute avec une royauté franche et éclairée, mais qui peut le devenir extrêmement par l'abus qu'on pourrait en faire, avisez aux moyens de remédier à ce danger, c'est un devoir, et vous avez raison ; mais jusque-là il n'y aura rien *d'illégal* dans l'usage d'un droit que vous n'avez pas abrogé.

Ainsi, tant que le gouvernement de Louis-Philippe ne fera que des *illégalités* de ce genre, le vaisseau de Charles X attendra vainement à Cherbourg de nouveaux exilés pour l'Angleterre.

BESANÇON, IMPRIMERIE DE CH. DEIS.

www.ingramcontent.com/pod-product-compliance
Ingram Content Group UK Ltd.
Pitfield, Milton Keynes, MK11 3LW, UK
UKHW021742090726
13657UKWH00002B/878